りっと にじのたね

くまのくににすむ　しょうがくせいの　りつは、
かわいいものが　だいすきな　おとこのこです。

でも、どうきゅうせいたちは、そんなりつを わらいます。
「おとこのくせに、はながすきなんて へんなの。」
「スカートを はきたいなんて、おかしいよ！」

せんせいも、だれも　たすけてくれません。

「ぼくは、すきなものを　すきって　いいたいだけなのに…」
なみだが、ぽろりと　こぼれました。

「そうだ、くまのくにじゃない　ところにいこう！」
りつは、くまのくにを　とびだしました。

たくさん　あるいたりつは、くろのくにに　つきました。
くろのくにでは、だれでも　ぜんしんまっくろ。
やわらかそうな　あかるいクリームいろの　りつに、
みんなが　いいました。
「なんでくろいろ　じゃないの？　へんないろ！」
くろのくにでも、なかまはずれにされた　りつは、
なきながら　くろのくにを　とびだしました。

まえよりもっと　たくさんあるいたりつは、
つんつんのくにに　つきました。
こんどは、いろいろな　くまがいます。

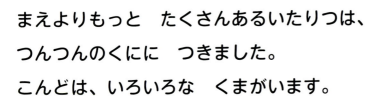

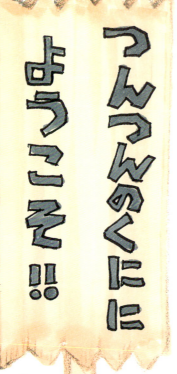

せのたかいくま、ひくいくま、
くろいくま、しろいくま・・・

「ここなら　へんだって　いわれないかも。」
りつを、つんつんのくにの　ひとたちが　かこみました。
「きみのけは、つんつんじゃない。
かっこわるいから、つんつんにしなよ。」
りつは、じぶんの　ふわふわのけが　だいすきでした。
つんつんになんて　したくありません。
つんつんのくにでも　なかまはずれにされたりつは、
なきながら　つんつんのくにを　とびだしました。

どのくらい　はしったでしょうか。
りつは、あかるいひかりを　かんじました。
なんだか　きらきらしたせかいが　みえます。
りつは、いっしょうけんめい　はしって、
きらきらした　とびらのなかに　はいりました。

「ここは、なんていう　くにですか？」
「にじの　くにですよ。
ここは、だれもがだいじにされる　くにです。」
とおりかかった　ねずみのチウが、おしえてくれました。
「だいじにされるって　どういうこと？
ひとと　ちがうことで、いじわるされないの？」

また、なかまはずれに　されるかもしれない。
りつは　ふあんでした。

チウは にっこりわらって こたえました。
「ちがうこと? ちがうことは すてきなことだよ。
だって、こんなに せのちいさいわたしは、
たかいところの ものは とれないでしょ?
でも、きみなら とってくれるよね。

はんたいに、きみの　ふわふわの　おおきなてでは、
せまいところに　はいったものは　とれない。
でも、わたしなら　すきまに　はいって　とってこられる。

わたしたちは、　ちがうからこそ　たすけあえるんだよ。
ね、ちがうって　とてもいいことでしょ？」

りつは、また　なみだが　こぼれました。
・・・ここにいれば、　ぼくは　ぼくのままで　いいんだ。
「ずっと　ここにいて　いいんだよ。」
にじのくにの　ひとたちは、
りつに　やさしく　いいました。

でも、りつは　けっしんしました。
「ぼくは、くまのくにに　もどるよ。」
りつは、もう　ないていませんでした。
「これを　もっていくといいよ。
りつのくににも、にじが　かかるといいね。」
チウは、にじのくにの　にじからとれた　にじのたねを
わたしました。

くまのくにに　もどった　りつは、がっこうに　いきました。
こうていの　おおきな　いちょうのきのしたで、
りつに　いじわるをしていた　おとこのこたちが
まるくなって　あつまっています。
「おかあさんに　つくってもらった　たいせつなシャツなのに。」
まんなかで　ないていたのは、ちからもちの　ソラタでした。
どうやら　きのぼりをしていて、
たいせつな　シャツを　やぶって　しまったようです。
まわりにいた　おとこのこたちは、
こまったように　みている　だけです。

だって、ぬいものが　できるなんて
おとこらしくないから。

りつは、チウにもらった　にじのたねを　にぎりしめました。
なんだか、てのひらが　あたたかくなって
ゆうきが　わいてきました。
「ぼくが　なおしてあげるよ。シャツをかして。」

みんなは　びっくりして　りつをみました。
「できるもんなら、やってみろよ。」
ソラタは、らんぼうに　シャツを　わたしました。
りつは　ポシェットから　とりだした　はりといとで、
すいすいと　ほしのワッペンを　ぬいはじめました。

まわりにいた　おとこのこたちも、ソラタも、
めを　まるくして　みています。

「ほら　もとどおり。　すてきなシャツだね。」
ぬいおえたりつが、にっこり　わらいました。
「ちがうって　すてきでしょ？」
おとこのこたちと　ソラタは、だまって　うなずきました。

「シャツのおれいに、りつの　かだんを　つくってやるよ。」
ぶっきらぼうにいう　ソラタは、だいすきな　ほしのワッペンが
もとどおりになって　とてもうれしそうです。

りつをかこむ　おとこのこたちの　かおも、
えがおに　かわっていました。

りつの　てのなかにあった　にじのたねは、いつのまにか
きえていました。

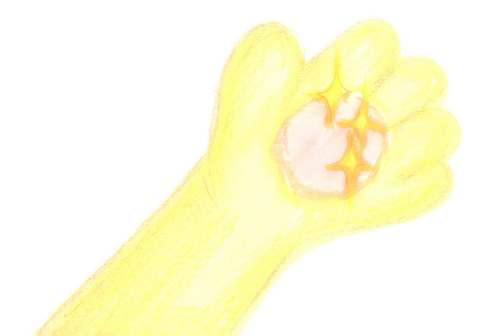

りっと にじのたね

2016年　7月27日　初　版第1刷発行
2023年10月　1日　第2版第4刷発行

文　　ながみつ まき
絵　　いのうえ ゆうこ
発行人　坂本 圭一朗
発行所　リーブル出版
　　　　〒780-8040 高知市神田2126-1
　　　　TEL 088-837-1250
　　　　https://www.livre.jp
印刷所　株式会社リーブル

©Maki Nagamitsu, Yuko Inoue, 2016 Printed in Japan
定価はカバーに表示してあります。
落丁本、乱丁本は小社宛にお送りください。
送料小社負担にてお取り替えいたします。
本書の無断流用・転載・複写・複製を厳禁します。
ISBN 978-4-86338-150-6